108 Zitate von Amma über Liebe

108 Zitate von Amma über Liebe

Veröffentlicht von:
Mata Amritanandamayi Center
P.O. Box 613
San Ramon, CA 94583
Vereinigte Staaten

———————— 108 Quotes on Love (German) ——————————

Übersetzt von Madhuri

In Deutschland: www.amma.de
In der Schweiz: www.amma-schweiz.ch

In Indien: www.amritapuri.org
        inform@amritapuri.org

1

Liebe ist unser wahrer Wesenskern und beschränkt sich auf keine Kaste, Religion, Rasse oder Nation. Wir alle sind auf demselben Faden der Liebe wie Perlen miteinander verbunden. Es ist das eigentliche Ziel menschlichen Lebens, sich dieser Einheit bewusst zu werden und die uns angeborene Liebe auszustrahlen.

2

,Liebe ich wirklich oder handelt es sich um besitzergreifende Liebe?' Denke über diese Frage so tief wie möglich nach. Die meisten Menschen sehnen sich nur nach Zugehörigkeit statt nach wahrer Liebe. Wir betrügen uns sozusagen selbst, wenn wir Anhänglichkeit mit Liebe verwechseln. Liebe ist das Wesentliche, Anhaftung bleibt oberflächlich. Bemühe dich um das Wesentliche.

3

Schönheit ist eine Qualität des Herzens. Nächstenliebe verleiht wahre Schönheit, die sich auf den Gebenden ebenso positiv auswirkt wie auf den Empfangenden. Liebevolle Zuwendung drückt sich in den Augen durch einen von Mitgefühl erfüllten Blick aus und nicht durch Augenkosmetik. Es gibt nichts Schöneres als ein Gesicht, in dem ein liebevolles Lächeln aufleuchtet.

4

Wir denken meistens nur über unsere Verluste im Leben nach und vergessen darüber den größtmöglichen Gewinn: die Liebe. Öffne dich innerlich vollkommen, dann erfährst du die Liebe in ihrer duftenden Schönheit.

5

Liebe ist die Grundlage eines glücklichen Lebens, doch diese Wahrheit kommt uns meist nicht in den Sinn. Wenn unser Sprechen und Handeln keine Herzlichkeit ausdrückt, entspricht das in Stein verschlossem Honig, der niemandem zugutekommt. Wenn Familien liebevoll miteinander umgehen, herrschen Frieden und Harmonie in ihrem Heim und in der Gesellschaft.

6

Wenn du andere Menschen in derselben Weise betrachtest wie dich selbst, spielt Individualität keine Rolle mehr. Mitgefühl ist eine Sprache, die Blinde und Taube wahrnehmen können. Einer vernachlässigten Seele eine helfende Hand zu reichen, Hungernden Essen zu geben und niedergeschlagenen Menschen einen mitfühlenden Blick zu schenken – das ist die Sprache der Liebe.

7

Was man mit Herz und Seele tut, wird zu einer großartigen Inspirationsquelle. Handlungen, die dem Herzen entspringen, verleihen dem Ergebnis etwas Lichtes und Lebendiges. Diese ins Leben umgesetzte Liebe wirkt höchst anziehend.

8

Das Herz ist an allen großartigen und unvergesslichen Ereignissen beteiligt. Alle wahrhaft großmütigen Taten entstehen aus Liebe und Selbstlosigkeit. Hinter jeder guten Sache steht ein Mensch, der sich mit seinem ganzen Leben dafür eingesetzt hat.

9

Wenn uns bewusst wird, dass Liebe immer nur der einen göttlichen Quelle entspringt - sei es die Liebe des Ehemannes oder der Ehefrau, eines Kindes, eines Tieres, das sein Junges großzieht oder einer Pflanze - beginnt unsere Liebe zu leuchten wie das sanfte Licht des Mondes. Mit dieser Erkenntnis zieht Harmonie in unser Leben ein.

10

Entdecke deine innere Harmonie, diesen wunderbaren Gesang des Lebens und der Liebe. Geh über dich hinaus, diene den Leidenden und lerne, andere über dich selbst zu stellen. Aufgrund deines Einsatzes für andere solltest du dich nicht in dein eigenes Ego verlieben. Sei Meister deines Geistes und Egos und betrachte jeden Menschen als Pforte zu deinem eigenen höheren Selbst.

11

Arbeit kann anstrengend sein und unsere Energie verbrauchen; wird sie allerdings mit Liebe verrichtet, ist sie nie ermüdend oder eintönig. Liebe erfüllt unser Herz zunehmend mit Energie, so dass alles stets interessant und erfrischend bleibt. Wie könnten wir uns jemals langweilen, wenn reine Liebe unsere Lebensgrundlage ist? Überdruss entsteht nur, wenn es an Liebe mangelt. Liebe verleiht dem Leben ständige Frische.

12

Wer wahrhaftig liebt, hat keine weiteren Bedürfnisse. Man geht vollkommen darin auf. Sobald wir Liebe entwickeln und uns auf das höchste Ziel konzentrieren, vergeben und vergessen wir ganz von selbst. Wir entwickeln eine natürliche Opferbereitschaft.

13

Je hingebungsvoller du bist, desto offener wirst du. Je offener du bist, desto tiefer wird deine Liebe. Je mehr Liebe du gibst, desto mehr Gnade empfängst du. Diese Gnade wird dich zum höchsten Ziel führen.

14

Reine Liebe bedeutet fortwährendes Loslassen - ein Aufgeben von allem, was dir gehört. Doch was gehört dir eigentlich? Nur das Ego. Die Flammen der Liebe verzehren alle vorgefassten Ideen, Vorurteile und Bewertungen - all das, was dem Ego entspringt.

15

Werde dir der unendlichen Glückseligkeit deines Selbstes bewusst. Wenn die innewohnende Liebe in deinem Handeln zum Ausdruck kommt, wirst du wahrhaft glücklich.

16

Wenn du glücklich bist, ist dein Herz geöffnet und lässt Gott hinein. Wenn Liebe dein Herz erfüllt, bist du voller Freude. Es ist ein Kreislauf: Glück zieht Liebe an und Liebe beschert dir Glück.

17

Wenn wir tief genug in uns eintauchen, entdecken wir den Faden der universellen Liebe, der alle Wesen miteinander verbindet. Es ist die Liebe, die alles vereint.

18

Ein Tropfen macht noch keinen Fluss. Er entsteht, wenn viele Tropfen zusammenströmen. Erst durch das Zusammenkommen dieser unzähligen Tropfen bildet sich ein Fluss. Gemeinsam erzeugen wir eine unbezwingbare Kraft. Wenn wir liebevoll Hand in Hand arbeiten, fließt nicht nur die Lebenskraft eines einzelnen Menschen, sondern eine kollektive, und zwar in ungestörter Harmonie. Bei einem solchen beständigen einheitlichen Strom erleben wir das Entstehen von Frieden.

19

Gehst du im Leben durch schwierige Zeiten, hilft es dir, dich an Folgendes zu erinnern: ‚Ich erwarte keine Liebe von anderen und gehöre nicht zu denen, die die Liebe anderer benötigen. Ich selbst bin Liebe, bin eine unerschöpfliche Liebesquelle, die jedem, der auf mich zukommt, Liebe schenkt, nichts als Liebe.'

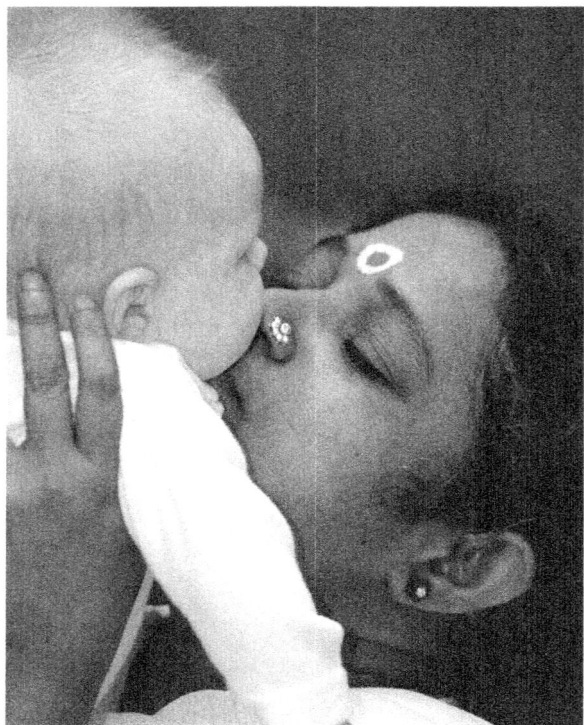

20

Wahre Liebe ist unwiderstehlich - empfange sie einfach mit offenem Herzen. Man kann das Lächeln eines Kindes — ob nun das Kind deines Freundes oder Gegners - nur mit einem Lächeln erwidern, denn die Liebe eines Kindes ist rein und unschuldig. Reine Liebe ist wie der betörende Duft einer wunderschönen Blume.

21

Die Kraft reiner Liebe ist unendlich. Wer wahrhaftig liebt, überwindet Körper, Verstand und all seine Ängste. Liebe ist Seelenatem, ist unsere Lebenskraft. Reine, unschuldige Liebe macht alles möglich. Wenn dein Herz erfüllt ist von reiner Liebesenergie, wird sogar eine scheinbar unmögliche Aufgabe so einfach wie das Pflücken einer Blume.

22

Je mehr Liebe du verschenkst, desto mehr zeigt sich deine innewohnende Göttlichkeit. Das Wasser einer ewigen Quelle versiegt nie, so viel wir auch daraus schöpfen. Und je mehr Liebe wir verschenken, desto tiefer wird sie.

23

Leben und Liebe sind nicht Zweierlei, sondern untrennbar miteinander verbunden wie ein Wort und seine Bedeutung. Wir werden in Liebe geboren, führen dieses Leben voller Liebe und gehen letztendlich in sie ein. Die Wahrheit lautet: Liebe endet niemals. Leben kann nur aus Liebe entspringen und gedeihen. Da Liebe unserer Urnatur entspricht, kann nichts ohne diese Kraft entstehen.

24

Liebe kann alles bewältigen. Es gibt kein Problem, das nicht mithilfe von Liebe gelöst werden könnte. Sie kann Krankheiten und verwundete Herzen heilen und das Innenleben transformieren. Mit Liebe lassen sich alle Hindernisse überwinden. Liebe hilft uns, körperliche, emotionale und intellektuelle Spannungen zu überwinden, damit Frieden und Glück einkehren können. Liebe ist der Nektar, aus dem das Leben Schönheit und Anmut schöpft.

25

Liebe ist eine universelle Religion, die von der Gesellschaft dringend benötigt wird. In unserem Sprechen und Handeln sollte etwas Liebevolles zum Ausdruck kommen. Für ein Kind sind Liebe und von den Eltern übernommene spirituelle Werte die besten Voraussetzungen, um im späteren Leben den unterschiedlichen Herausforderungen begegnen zu können.

26

In einer harmonischen Beziehung zwischen Mensch und Natur entsteht ein vereinend wirkender Energiekreislauf. Wenn wir Menschen uns liebevoll der Natur zuwenden, wird auch sie uns lieben und nicht länger Dinge vor uns verbergen. Wenn die Natur ihr unendliches Schatzhaus öffnet, dürfen wir ihren Reichtum genießen. Sie wird uns wie eine Mutter beschützen, hegen und ernähren.

27

Wenn wir einander ohne Erwartung lieben, brauchen wir den Himmel nirgendwo mehr zu suchen. Liebe ist das Fundament eines glücklichen Lebens. Genauso wie unser Körper ein Bedürfnis nach gesunden Lebensmitteln entwickelt, um zu leben und sich zu entwickeln, braucht unsere Seele Liebe als Nahrung.

28

Wir können das Wesen der anderen nicht verändern, indem wir uns über sie ärgern. Nur Liebe kann sie ändern. Sei dir dessen bewusst im Bemühen, jedem Menschen Sympathie und Liebe entgegen zu bringen. Verhalte dich auch denjenigen gegenüber, die dich irritieren, mitfühlend. Bete für sie. Wenn du so eingestellt bist, bewahrst du dir Ruhe und Frieden. Bei positiver Veränderung lockern sich die eingefahrenen Handlungs- und Reaktionsmuster und das Herz wird offen für Eigenschaften wie Vergebung, Toleranz und Harmonie.

29

Selbstlosigkeit lässt die Blume des Lebens wunderbar duften. Wenn eine Blume blüht, strömt ihr süßer Duft überall hin. Wenn selbstlose Liebe in uns erwacht, fließt auch sie wie ein Fluss in die Welt hinaus.

30

Du trägst eine Quelle der Liebe in dir; schöpfe umsichtig daraus, dann wird dein Herz von göttlicher Liebesenergie erfüllt, die sich unendlich ausdehnt. Du kannst das nicht beeinflussen, sondern dich nur innerlich darauf einstellen und es wird von selbst geschehen.

31

Echte Liebe wohnt im Herzen. Diese Liebe lässt sich nicht in Worte fassen, denn Worte gehören zum Verstand. Geh über Worte und Sprache hinaus direkt ins Herz. Wenn du wahrhaftig liebst, wird dein Verstand leer und hört auf zu denken. Nichts bleibt – weder Gemüt noch Verstand. Einzig die Liebe bleibt.

32

In deinem Innern wohnen Liebe und Schönheit. Bemühe dich, sie in dein Handeln einfließen zu lassen. Dann berührst du mit Sicherheit die Quelle der Glückseligkeit.

33

Erledige deine Aufgaben und alle deine Pflichten von ganzem Herzen und im Bemühen, liebevoll und selbstlos zu arbeiten. Wenn du ganz in deinem Tun aufgehst, empfindest du alles als schön und angenehm.

34

Es ist das Ziel von Spiritualität, unsere begrenzte Liebe in göttliche Liebe zu verwandeln. Wir sollten uns deshalb auf das konzentrieren, was wir anderen geben können und nicht auf das, was wir nehmen könnten. Das wird große Veränderungen in unser Leben bringen.

35

Liebe bleibt Liebe - sei es spirituelle oder weltliche Liebe — es handelt sich nur um unterschiedliche Tiefe und Intensität. Spirituelle Liebe hat weder Beschränkungen noch Grenzen, wohingegen weltliche Liebe oberflächlich und begrenzt ist. Erwacht zu der Erkenntnis: ‚Ich bin das höchste Selbst; ich bin unbegrenzt und trage ein unendliches Potenzial in mir.'

36

Wenn die Sonne sich in tausend verschiedenen mit Wasser gefüllten Töpfen spiegelt, entsteht eine Vielzahl von Reflektionen, obwohl sich ein und dieselbe Sonne in allen Töpfen widerspiegelt. Wenn uns dementsprechend bewusst wird, wer wir wirklich sind, erkennen wir uns selbst in allen Menschen wieder. Wir lernen, die anderen aus dieser Erkenntnis heraus zu betrachten und ihre Schwächen zu übersehen. Dann erwacht in uns reine Liebe.

37

Wenn Mütterlichkeit erwacht, empfindet man Liebe und Mitgefühl nicht nur für die eigenen Kinder, sondern für alle Menschen, Tiere, Pflanzen, Steine und Flüsse. Es ist eine die gesamte Natur und all ihre Wesen umfassende Liebe. Jeder Mensch, egal ob Frau oder Mann, vermag universelle Mütterlichkeit in sich zu entwickeln, wenn er den Mut aufbringt, die inneren Begrenzungen zu überwinden.

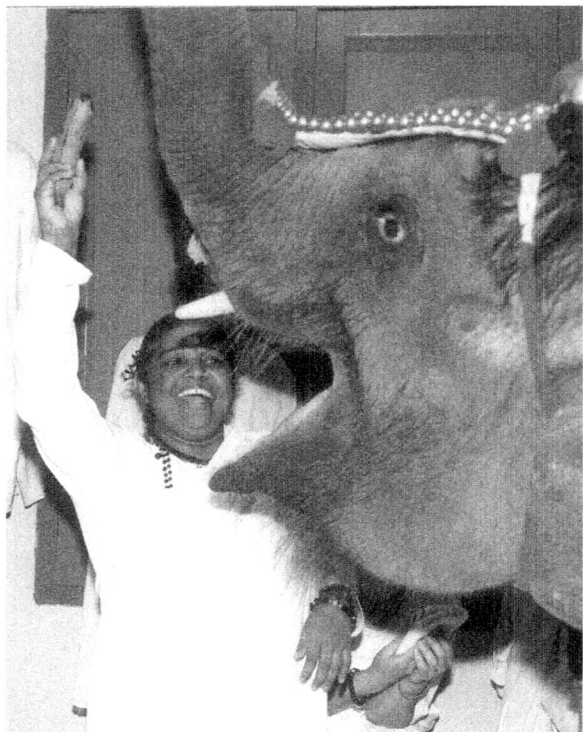

38

Liebe beinhaltet keine Zwei, sondern nur eine Einheit. Im kontinuierlichen hingebungsvollen Gewahrsein der Liebe lösen sich ‚du' und ‚ich' völlig auf. Nur Liebe bleibt. Diese reine, ungeteilte Liebe enthält das gesamte Universum. Liebe ist unendlich und sie schließt nichts aus.

39

Die Schwierigkeit besteht nicht darin, Liebe zum Ausdruck zu bringen, sondern dabei das Ego loszulassen. Liebe ist unsere wahre Natur und ist stets in uns, aber unsere persönlichen Begrenzungen schränken uns ein. Wir müssen über unser individuelles Dasein hinauswachsen, um mit der universellen Liebe zu verschmelzen. Das Ego steht der Liebe im Wege. Wenn wir es loslassen, werden wir wie ein strömender Fluss.

40

Dein Herz ist der wahre Tempel, in den du Gott einziehen lassen solltest. Edle Gedanken sind die dargebrachten Blumen, gute Taten sind Gottesdienst und freundliche Worte Hymnen. Liebe ist eine Gottesgabe.

41

Bei reiner Liebe gibt es ein unstillbares Verlangen. Auch wenn dieses Verlangen in weltlicher Liebe spürbar wird, erreicht erst spirituelle Liebe die höchste Stufe der Intensität. Die Liebe eines wahrhaft Suchenden lodert stärker als ein Waldbrand. Sein ganzes Sein brennt vor Liebe, verzehrt sich völlig im lodernden Feuer, um schließlich vollkommen in Gott aufzugehen.

42

Liebe kann man nicht lernen und kann auch von niemandem gelehrt werden. In der Gegenwart eines vollendeten Meisters jedoch wird sie für uns spürbar und nach und nach entwickelt sie sich in uns. Der Satguru (wahrer Meister) lässt Situationen für uns entstehen, die unsere Liebe erwecken - Situationen von so unvergesslicher Schönheit, dass solche unschätzbar kostbaren Momente sich tief in uns eingraben und wir sie für immer im Herzen bewahren.

43

Aus Begebenheiten, die der Meister inszeniert, bildet sich eine Kette beseligender Erinnerungen, die in uns immer größere Wellen von Liebe erzeugen, bis wir schließlich nur noch Liebe sind. In solchen Situationen stiehlt der Meister unser Herz und erfüllt es mit unschuldig reiner Liebe.

44

Es gibt begrenzte und echte Liebe. Du liebst deine Familie: Vater, Mutter, Schwester, Bruder, Ehemann, Ehefrau usw., magst aber deinen Nachbarn nicht. Du liebst deinen Sohn oder deine Tochter, aber nicht alle Kinder. Du liebst deine Religion, aber nicht alle Religionen, so wie du auch dein Vaterland, doch keineswegs alle Länder liebst. Das ist keine wahre, sondern nur begrenzte Liebe. Spiritualität hat das Ziel, sie in echte zu verwandeln.

45

Liebe taucht ganz plötzlich im Herzen als unvermeidlich heftiges Verlangen nach Vereinigung auf. Niemand denkt darüber nach, wie, wann oder wo man liebt. Rationale Überlegungen behindern Liebe. Sie überschreitet die Logik - versuche also nicht, sie rational zu begründen. Es entspräche dem Versuch zu erklären, warum der Fluss fließt, der Atem kühl und sanft ist, der Mond glänzt, warum der Himmel sich so weit ausdehnt, der Ozean so groß und tief ist oder warum die Blumen so wunderbar duften. Logische Argumente töten die Schönheit und den Zauber dieser Dinge. Man sollte sich an ihnen erfreuen, sie wahrnehmen, lieben und fühlen. Willst du sie logisch erfassen, entgehen dir ihre Schönheit und der Reiz der Gefühle, die von der Liebe ausgelöst werden.

46

Die Verantwortung einer Mutter darf nicht unterschätzt werden. Sie hat enormen Einfluss auf ihre Kinder. Sieht man glückliche, friedfertige Menschen, Kinder mit hervorragenden Eigenschaften und guten Veranlagungen; Männer, die ungeheure Kraft aufbringen, wenn sie Fehlschläge erleiden oder widrigen Umständen ausgesetzt sind; Menschen mit einem hohen Maß an Verständnis, Sympathie, Liebe und Mitgefühl mit den Leidenden und Menschen, die sich für andere aufopfern - dann hat meistens eine großartige Mutter sie zu dem inspiriert, was sie geworden sind.

47

Mütter vermögen am besten den Samen der Liebe, Geduld und eines universellen Zusammengehörigkeitsgefühls in uns einzupflanzen. Mutter und Kind sind auf ganz besondere Weise miteinander verbunden. Die inneren Qualitäten einer Mutter werden mit der Muttermilch auf das Kind übertragen. Eine Mutter versteht das Herz ihres Kindes, überströmt es mit Liebe, bringt ihm wertvolle Lebenslektionen bei und sie korrigiert das Kind, wenn es Fehler macht.

48

Möge unser Lebensbaum fest im Urgrund der Liebe wurzeln und mögen gute Taten die Blätter dieses Baumes sein. Mögen sich seine Blüten aus freundlichen Worten bilden und möge Friedfertigkeit seine Frucht sein. Lasst uns wachsen und uns zu einer in Liebe vereinten Familie entfalten.

49

Zum eigenen wahren Selbst zu finden und alle in gleichem Maße zu lieben ist ein und dasselbe. Du wirst erst dann wirklich frei, wenn du alle Menschen gleichermaßen liebst. Andernfalls bleibst du Sklave deines Gemüts und Egos.

50

Der Körper braucht zu seiner Entwicklung und zum Überleben Nahrung - und die Seele benötigt Liebe. Liebe vermittelt eine Kraft und Lebensenergie, die selbst Muttermilch nicht übertragen kann. Wir alle leben um der Liebe willen und sehnen uns danach. Auf der Suche nach dieser Liebe werden wir geboren und sterben wir. Kinder, liebt einander und vereint euch in dieser reinen Liebe.

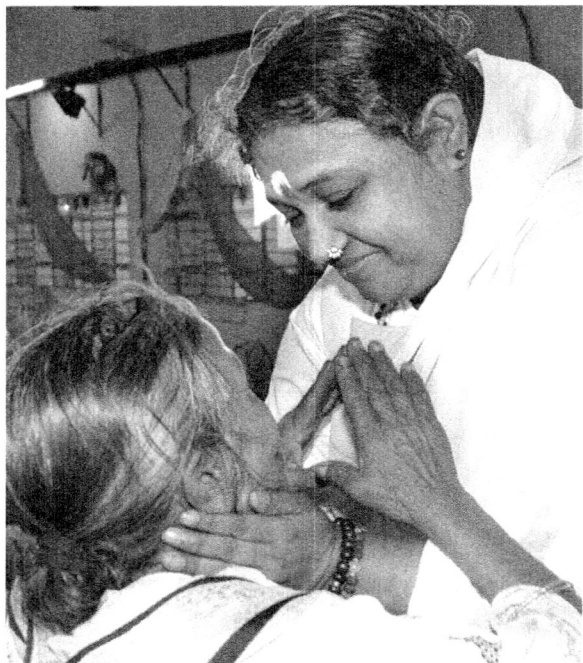

51

Niemand liebt den anderen mehr als sich selbst. Hinter jeder Liebe verbirgt sich eine selbstsüchtige Suche nach dem eigenen Glück. Wenn ein Freund uns nicht so glücklich macht wie erwartet, wird er für uns zum Feind. Das lässt sich in der Welt beobachten. Nur Gott liebt uns selbstlos. Erst in unserer Liebe zu Gott lernen wir, andere wirklich zu lieben und ihnen selbstlos zu dienen.

52

Reine Liebe ist das beste Heilmittel für die moderne Welt. Sie fehlt in jeder Gesellschaft. Alle individuellen oder globalen Probleme entstehen aus Mangel an Liebe. Liebe ist das Bindeglied, ist eine alles miteinander vereinende Kraft. Liebe erzeugt ein Gefühl von Einssein und Einheit zwischen den Menschen, wohingegen Hass und Egozentrismus die Menschen trennt und innere Spaltungen erzeugt. Die Liebe sollte regieren, denn für sie gibt es keine unlösbaren Probleme.

53

Man sollte an einem Ort leben, an dem Liebe sich leicht entfalten kann; das gelingt am besten, wenn man in Gegenwart eines vollendeten Meisters lebt. Er unterstützt uns, indem er - auf der äußeren und der inneren Ebene - Dinge geschehen lässt, die unser Herz mit Liebe erfüllen. Der Meister arbeitet direkt mit den Vasanas (latenten Neigungen) des Schülers, da sie dessen Haupthindernisse auf dem Pfad der Liebe sind.

54

Liebevolle Einheit fördert gesundes Wachstum. Die Muttermilch nährt den Säugling und versorgt seinen Körper mit stärkender Lebenskraft, so dass seine Organe gesund und ausgewogen wachsen können. Es fließt nicht nur Milch aus der Mutterbrust, sondern auch Wärme, Liebe und Zuneigung. Auch für eine Gesellschaft wirkt Liebe wie ‚Muttermilch' und lässt sie als Ganzes gedeihen und erstarken. Liebe verleiht einer Gesellschaft die notwendige Kraft und Vitalität für eine gesunde Entwicklung ohne Zersplitterung.

55

Mahatmas bilden die Brücke, die uns mit Gott verbindet. Sie weisen nichts von sich und sind wie ein Fluss, der alles umarmt und so annimmt wie es ist. Freude und Leid sind die beiden Ufer des Lebens. Mahatmas nehmen beide Aspekte gleichmütig an und lassen sich davon nicht aufhalten, da sich ihr Bewusstsein bei allen Geschehnissen jenseits aller Gedanken und Emotionen befindet. Sie sind mit allen verbunden, jedoch an nichts gebunden. Ein Herz voller Liebe und Gottvertrauen kann sich leicht mit ihnen verbinden.

56

Die Kraft unerschütterlichen Glaubens und unschuldiger Liebe vermag in Bereiche vorzudringen, die dem Verstand und der Logik verschlossen bleiben.

57

Liebe wird nur spürbar, wenn man sie zum Ausdruck bringt. Spiritualität praktizieren wir, um zu lernen, anderen ihre Fehler zu vergeben und sie zu lieben anstatt zurückzuweisen. Es ist leicht andere zu kritisieren, doch wie schwierig ist es jeden Menschen anzunehmen. Mit Liebe können wir andere von der falschen auf die richtige Spur lenken, aber wenn wir sie wegen ihrer Fehler tadeln, beharren sie möglicherweise darauf.

58

Wir lieben Menschen, die uns glücklich machen, unsere Wünsche erfüllen, uns gehorchen und respektieren oder eine hohe Meinung von uns haben. Wenn jemand uns hasst, begegnen wir ihm oft mit Rache anstatt mit Liebe, was sogar vorkommt, wenn uns jemand nahesteht. Menschen, die uns nicht gehorchen oder respektieren, mögen wir nicht. Wahre Liebe jedoch kennt keine Selbstsucht. Wir müssen die Fähigkeit entwickeln, ohne irgendeine Erwartung zu lieben.

59

Liebe ist frei von Antipathie oder Feindschaft. Wenn aus unserem Geist alle widerwilligen Gedanken verschwinden, verwandelt er sich in Liebe und wird wie Zucker. Jeder ist willkommen und darf davon nehmen und seine Süße genießen, ohne etwas zurückgeben zu müssen. Wenn du der Menschheit in Liebe dienst, wirst du zu Nahrung für die Welt.

60

Kinder, göttliche Liebe ist unsere wahre Natur und sie leuchtet in jedem von uns. Wenn dein Herz von unschuldiger Liebe erfüllt ist, bist du nicht vorhanden, da es kein Ego gibt. In diesem Zustand existiert nur Liebe. Die Individualität entschwindet und du wirst eins mit Gott.

61

Wenn dir ein Kind etwas geben möchte, wirst du es nicht abweisen, denn seine Liebe ist makellos und rein. Im Zustand ursprünglicher, unschuldiger Liebe bleibt kein Raum für gegensätzliche Empfindungen wie rein oder unrein, gut oder schlecht etc. Es gibt nur Liebe. Reine Liebe kann man nicht abweisen.

62

Liebe fließt einfach. Wer den Sprung wagt und in sie eintaucht, wird angenommen wie er ist - bedingungslos. Was aber kann die Liebe tun, wenn du nicht in sie hineinspringen willst? Sie strömt unaufhörlich und sagt niemals ‚nein‘, sondern unentwegt ‚ja, ja, ja.‘

63

Wenn du dich öffnest, wird dir bewusst, dass die Sonne stets scheint und der Wind den süßen Duft göttlicher Liebe herbeiweht. All dies geschieht bedingungslos und ohne Zwang. Lasse deines Herzens Tor einfach offen und mache dir bewusst, dass es in Wirklichkeit nie verschlossen war. Obwohl diese Tür immer offen stand, glaubtest du in deiner Unwissenheit, sie sei verschlossen gewesen.

64

Wahre Liebe kann erst entstehen, wenn man nicht mehr an Menschen, Dinge oder Vorlieben gebunden ist. Dann verwandelt sich das Ringen in ein wunderbares Spiel selbstlosen Dienens, das die gesamte Menschheit aus Liebe und Mitgefühl mit einbezieht. In diesem Gefecht kämpft nicht dein Ego, sondern die Liebe, um dein Ego aufzuzehren und in wahre Liebe zu verwandeln. Die Schatten der Furcht verschwinden erst im Licht der Liebe.

65

Im Zeitalter von Wissenschaft, Intellekt und Vernunft haben wir die Gefühle des Herzens vergessen. Ein allgemein bekannter englischer Ausdruck für ‚ich bin verliebt‘ lautet: ‚I have fallen in love‘ - wörtlich: ‚Ich bin in Liebe gefallen‘. Wir sind tatsächlich gefallen - in eine Liebe, die auf Selbstsucht und Materialismus beruht. Wir sind unfähig uns zu erheben und zur Liebe zu erwachen. Wenn wir unbedingt fallen müssen, dann doch besser vom Kopf ins Herz. Spiritualität bedeutet, sich in Liebe zu erheben.

66

Wenn wir etwas lieben, kreist ein un-
aufhörlicher Strom von Gedanken darum.
Unsere Gedanken sind völlig absorbiert.
Wir brauchen also Konzentration, wenn
wir wirklich lieben und um uns wirklich
zu konzentrieren, müssen wir dieses Objekt - was es auch sei - lieben. Das eine geht
nicht ohne das andere. Ein Wissenschaftler
benötigt für seine Experimente im Labor
ein hohes Maß an Konzentration. Woher
nimmt er diese Konzentration? Aus seinem
tiefen und beharrlichen Interesse an diesem
Objekt. Woher stammt dieses tiefe Interes-

se? Es entspringt seiner intensiven Liebe für diesen speziellen Forschungsgegenstand. Umgekehrt entsteht Liebe, wenn man intensiv auf etwas konzentriert ist.

67

Wir sollten die Dinge möglichst so sehen wie sie sind. Alles was existiert, sei es ein Gegenstand oder eine Person, kann nur so sein wie es seiner Natur entspricht. Wenn uns das bewusst wird, können wir uns darauf einlassen, anstatt nur zu reagieren. Wir können das Wesen der anderen nicht durch Ärger verändern. Das vermag nur die Liebe. Sei dir dessen bewusst und bete mit Sympathie und Zuneigung für die Betreffenden. Bemühe dich um Mitgefühl, selbst gegenüber denjenigen, die dich verärgern. Diese Einstellung macht dich ruhig und zufrieden. Es ist am besten, auf diese Weise zu reagieren.

68

Unreines muss rein werden. In der Hitze, die durch das Leid des Getrenntseins und in der Sehnsucht nach göttlicher Liebe entsteht, sollte alles Unreine schmelzen und vergehen. Ein solches Leiden wird ‚Tapas‘ genannt. Die Gopis waren durch diesen Schmerz vollkommen mit Krishna identifiziert. Ihre Seelennot wurde unerträglich bis zur vollkommenen Auflösung ihrer Individualität; schließlich verschmolzen sie mit ihrem geliebten Krishna. Unreinheit entsteht dadurch, dass das Ego ‚ich‘ und ‚mein‘ empfindet. Das Ego lässt sich nur überwinden, wenn es im Schmelzofen der Liebe verbrennt.

69

Wahre Liebe beruht auf Bedingungslosigkeit. Wo Liebe waltet, gibt es keinen Zwang, der nur durch die Vorstellung, die anderen seien von uns getrennt, entsteht. Bedingte Liebe kann bei innerer Einheit nicht weiter bestehen. In diesem Zustand ist jeglicher Zwang undenkbar. Du bist reines Sein und wirst zum offenen Kanal für die universelle Lebensenergie. Überlass es dem höchsten Bewusstsein Blockaden zu beseitigen, damit der Strom allumfassender Liebe fließen kann.

70

Ursprüngliche, reine Liebe ist frei von Anhaftung. Um die höchste Liebe zu gewinnen, ist es unerlässlich, die kleinlichen menschlichen Bedürfnisse zu überwinden. Mit anderen Worten ausgedrückt: Liebe wird erst durch Loslassen möglich, was ein Höchstmaß an Selbstaufopferung voraussetzt. Auch wenn das mitunter großes Leid verursacht, endet reine Liebe stets in immerwährender Glückseligkeit.

71

Reine Liebe empfindet nichts als Bürde. In einer Liebe ohne Begehren kann nichts belastend sein. Wahre Liebe vermag das gesamte Universum zu tragen, ohne dessen Gewicht zu spüren. Mitgefühl schultert das Leiden der ganzen Welt ohne das geringste Gefühl von Anstrengung.

72

Gott ist der Einzige, der uns wahrhaftig liebt, ohne irgendetwas dafür zu erwarten. Kinder, selbst wenn uns alle Geschöpfe der Welt liebten, entspräche das nicht einem Bruchteil der Liebe, die Gott uns in jeder Sekunde schenkt. Es gibt keine Liebe, die sich mit der Liebe Gottes vergleichen lässt.

73

Im Endstadium der Liebe werden Liebender und Geliebter eins. Selbst darüber hinaus gibt es noch einen Zustand, in dem es weder Liebe noch Liebender oder Geliebter gibt. Dieses allerhöchste Stadium der Liebe lässt sich nicht in Worten ausdrücken. Dorthin wird der Meister euch schließlich führen.

74

Die wunderschöne Melodie einer Flöte kann man weder in der Flöte noch im Fingerspiel des Musizierenden entdecken. Man könnte sagen, sie kommt aus dem Herzen des Komponisten, aber würde man es öffnen und hineinschauen, wäre sie auch dort nicht zu finden. Wo liegt also die ursprüngliche Quelle der Musik? Sie ist jenseits von allem, denn sie entspringt dem höchsten Selbst (Paramatman). Das Ego vermag diese allerhöchste Macht jedoch nicht zu erkennen. Erst wenn du wirklich gelernt hast, aus dem Herzen heraus zu leben, kannst du die göttliche Macht in deinem Leben erkennen und wahrnehmen.

75

Eine Blume braucht keine Anweisungen, um zu blühen. Kein Musiklehrer brachte einer Nachtigall bei zu singen. Es geschieht spontan, ohne Zwang und ganz natürlich. Auf ähnliche Weise öffnet sich in Gegenwart eines großen Meisters die verschlossene Knospe deines Herzens. Du wirst so empfänglich und unschuldig wie ein Kind. Der Meister lehrt dich nichts, du lernst alles ohne belehrt zu werden. Seine Gegenwart und sein Leben sind die großartigsten Lehren, jedoch frei von Kontrolle oder Zwang. Alles geschieht auf natürliche, mühelose Weise. Nur Liebe kann dieses Wunder bewirken.

76

Von einem Heiligen (Rishi) geht niemals etwas Trennendes aus. Da er ganz eingetaucht ist in die Geheimnisse seines eigenen Selbst - der Substanz des Lebens und der Liebe - ist er fähig wahrhaft zu lieben. Für ihn ist alles lebendige Liebe - nichts als Leben und Liebe in ihrer leuchtenden Pracht und Herrlichkeit. Er ist deshalb ein ‚echter Wissenschaftler'. Er forscht im inneren Laboratorium seines Seins und bleibt stets im Zustand ungeteilter Liebe.

77

Wer keine Wünsche hat, kennt keine Sorgen. Wir müssen fähig werden jeden zu lieben ohne etwas für uns selbst zu erwarten. Auch wenn es nicht leichtfällt jeden zu mögen, sollten wir zumindest bemüht sein, uns nicht über andere zu ärgern oder sie zu verletzen. Man kann von dieser Ebene aus beginnen. Stell dir vor, dass jeder Mensch von Gott geschickt wurde. Dadurch wirst du fähig, jeden freundlich und liebevoll zu behandeln.

78

Ein spiritueller Mensch sollte wie der Wind sein. Im Gewahrsein der Einheit des Lebens werden Geist und Seele weit und senden Liebe in die ganze Schöpfung hinaus. Das setzt zunächst einmal voraus, sich auf Gott zu besinnen und alles Lebende und Unbelebte zu lieben. Mit solch einer Großmut des Herzens ist es nicht weit bis zur Befreiung.

79

Reine Liebe geht über das Körperliche hinaus. Sie spielt sich zwischen Herzen ab und nicht zwischen Körpern. Bei wahrer Liebe gibt es weder Schranken noch Begrenzungen. Obwohl die Sonne weit entfernt ist, lässt sie die Lotusblume in ihrem Glanz erblühen. Bei echter Liebe existiert keine Entfernung.

80

Liebe ist die einzige Sprache, die jedes Lebewesen versteht - sie ist universell. Für jeden bedeutet Frieden und Liebe dasselbe. Liebe ist immer süß wie Honig. Sei wie die Biene, die überall den Nektar der Liebe sammelt. Suche in allem und jedem das Gute.

81

Es gibt drei Ausdrucksfomen für die in uns erwachende Liebe: Liebe zum Selbst, Liebe zu Gott und Liebe zur gesamten Schöpfung. Liebe zum Selbst bedeutet nicht die selbstbezogene Liebe des Egos, sondern Liebe zum Leben, was beinhaltet, aus Liebe zur innewohnenden göttlichen Kraft sowohl Erfolge als auch Misserfolge des menschlichen Daseins als Segen Gottes zu betrachten. Daraus erwächst die Liebe zu Gott. Im Zusammenwirken von beidem entsteht auf ganz natürliche Weise als Drittes die Liebe zur gesamten Schöpfung.

82

Der Mensch könnte ganz aus dem Herzen heraus leben, aber leider wird das Herz vergessen. Liebe hat eigentlich keine Form oder Gestalt. Sie wird erst für uns wahrnehmbar, wenn jemand ganz von Liebe durchströmt wird. Das Herz eines Menschen voller Liebe und Mitgefühl öffnet unser eigenes Herz spontan wie eine erblühende Blume. Die verschlossene Knospe des Herzens entfaltet sich in Gegenwart von Liebe.

83

Liebe zwingt nicht. Liebe beinhaltet das Vorhandensein reinen Bewusstseins und das kann nicht zwingen. Es ist einfach. In dir ist die Kraft reiner Liebe gegenwärtig; sie bedarf lediglich der Erweckung.

84

Weltliche Liebe ist nicht beständig; sie kommt und geht in schwankendem Rhythmus. Ihr Anfang ist immer begeisternd schön, doch nach und nach wirkt sie weniger angenehm und anregend, bis sie schließlich schal wird. Weltliche Liebe endet in den meisten Fällen mit Streit, Hass und tiefem Kummer. Im Gegensatz dazu ist spirituelle Liebe so tief wie ein Fass ohne Boden, unermesslich in Tiefe und Ausdehnung.

85

Spirituelle Liebe ist anders als weltliche Liebe. Anfangs ist sie schön und friedlich, dann steigert sie sich zur Qual der Sehnsucht und wächst dann in der mittleren Phase immer weiter bis sie schließlich kaum noch erträglich ist. Dem folgt ein qualvoller Sehnsuchtsschmerz, der bis zum Einswerden mit dem Geliebten anhält. Die Vereinigung ist unaussprechlich schön und ist wunderbarer als der Beginn der Liebe. Solch eine Liebe wird weder schal noch schwach. Spirituelle Liebe ist stets lebendig, sowohl innerlich wie äußerlich; sie ist beständig und wird in jedem Augenblick erlebt.

86

Liebe verschlingt dich, zehrt dich auf, bis du nicht mehr vorhanden bist und nur noch Liebe übrig bleibt. Dein ganzes Wesen wird in Liebe verwandelt. Spirituelle Liebe findet ihren Höhepunkt in Einswerdung, im Einssein.

87

Gott wohnt als unschuldig reine Liebe tief in unserem Herzen. Wir sollten lernen, jeden gleichermaßen zu lieben und diese Liebe zum Ausdruck zu bringen, denn in der Essenz sind wir alle eins - ein Atman, eine Seele. Liebe ist das Antlitz Gottes.

88

Mütterlichkeit ist ihrem Wesen nach nicht auf Frauen beschränkt, die geboren haben, und ist prinzipiell sowohl in Frauen als auch in Männern angelegt. Sie ist eine ganz von Liebe durchdrungene Geisteshaltung. Diese Liebe ist der Lebensatem. Wenn universelle Mütterlichkeit erwacht, werden Liebe und das Mitgefühl mit jedem Menschen so selbstverständlich wie das Atmen.

89

Liebe ist die erhaltende Kraft für alles. Wenn man alle Aspekte und Bereiche des Lebens tief durchdringt, wird erkennbar, dass Liebe hinter allem verborgen ist. Es wird uns bewusst, dass Liebe als Kraft sowie Lebens- und Inspirationsquelle hinter jedem Sprechen und Handeln wirksam ist.

90

Wirkliche Freiheit entsteht erst mit der Bereitschaft, jeden Menschen gleichermaßen zu lieben. Ohne Liebe gibt es keine Freiheit und ohne Freiheit kann Liebe nicht existieren. Ewige Freiheit erlangen wir erst, wenn alles Negative radikal in uns beseitigt worden ist. Die wunderbar duftende Blume der Freiheit entfaltet im Zustand allumfassender Liebe und höchster Glückseligkeit ihre Blätter und beginnt zu blühen.

91

Je feiner die Liebe sich entwickelt, desto machtvoller wird sie. Wenn du die Urgründe deines Herzens immer tiefer erforschst, ergreift dich zunehmend Liebe. Schließlich bist du vollkommen mit dem göttlichen Geliebten identifiziert und erkennst, dass du nicht getrennt bist. Du hast dann Einssein auf der höchsten Stufe erlangt - dem Gipfel wahrer Liebe. Dorthin sollte die Liebe uns tragen.

92

Wir alle sind Verkörperungen der höchsten Liebe. Liebe ist wie eine Leiter. Die meisten Menschen bleiben auf der untersten Sprosse stehen. Verweile dort nicht, sondern erklimme eine Stufe nach der anderen. Klettere von der untersten bis zur höchsten Stufe hinauf, von der Ebene der Emotionen hinauf zum erhabenen Zustand des Seins - der reinsten Form von Liebe.

93

Wahre Liebe ist die reinste Form von Energie. In diesem Zustand ist Liebe kein Gefühl, sondern ein ständiger Strom reinen Gewahrseins und unbegrenzter Kraft. Diese Liebe ist mit unserem Atem vergleichbar. Du würdest nie sagen: ,Ich atme nur im Beisein meiner Familie und Verwandten, niemals aber vor Feinden oder Leuten, die mir verhasst sind.' Das Atmen geschieht einfach - wo immer du bist oder was du auch tust. So ähnlich verhält es sich mit wahrer Liebe: Sie schenkt unterschiedslos jedem, ohne etwas zurück zu erwarten. Sei ein Gebender und nicht jemand, der nur nimmt.

94

Mit Sorgfalt und Geduld kleinen Dingen gegenüber lässt sich Großes erreichen. Wer Geduld hat, verhält sich auch liebevoll. Aus Geduld entsteht Liebe. Wenn du die Blätter einer Blume gewaltsam öffnest, wirst du ihre Schönheit und ihren Duft nicht genießen können. Nur bei natürlichem Wachstum entfalten sich ihre Blüte und ihr Duft. Folglich brauchst du Geduld, um dich an der Schönheit des Lebens zu erfreuen.

95

Ohrringe, Armreifen, Nasenringe oder Halsketten bestehen in ihrer Substanz alle aus Gold und sind nur unterschiedlich gestaltet. So ähnlich verhält es sich mit den Erscheinungen dieser Welt: Ihre mannigfaltigen Namen und Formen sind Ausdruck des alles durchdringenden Göttlichen. Wird uns diese Tatsache wirklich bewusst, spiegeln sich Liebe, Mitgefühl und Selbstlosigkeit in all unseren Gedanken, Worten und Handlungen wider.

96

Wahres Dienen bedeutet, seine Hand auszustrecken ohne eine Gegenleistung zu erwarten. Auf dieser Kraft beruht die Welt. Mit Liebe und Hingabe zu dienen lässt sich mit einem Kreis vergleichen, der keinen Anfang und kein Ende hat. Auch Liebe hat weder Anfang noch Ende. Durch selbstloses Dienen bauen wir eine Brücke der Liebe, die uns alle zusammenführt.

Keine Arbeit ist minderwertig oder bedeutungslos. Das Maß an Liebe und Aufmerksamkeit, mit dem du deine Arbeit verrichtest, lässt sie bedeutsam und schön werden. Ein mit Demut verrichtetes Werk bekommt etwas Zauberhaftes und es liegt Segen darauf.

98

Gottergebenheit lässt sich ebenso wenig wie Liebe aus Büchern, von einem bestimmten Menschen oder an einer Universität erlernen. Sie entwickelt sich mit zunehmender Liebe. Beide entfalten sich tatsächlich gleichzeitig. Letztendlich bleibt uns nichts anderes übrig, als uns dem eigenen wahren Selbst hinzugeben. Solche Hingabe erfordert jedoch beträchtlichen Mut und die kühne Bereitschaft unser Ego zu opfern. Und das verlangt von uns, alles willkommen zu heißen und ohne Gefühle von Kümmernis oder Enttäuschung anzunehmen.

99

Verstand und Herz sollten sich vereinigen; dann wird uns göttliche Gnade zuteil und verleiht unserem Leben Zufriedenheit.

100

Es bedarf der Liebe zu Gott, um sich spirituell auf dem Weg weiter zu entwickeln. Liebe zu Gott ist nicht einfach Liebe zu einer Person, einem Bildnis oder einer Altarfigur. Das ist nur der Anfang. Wirkliche Liebe zu Gott bedeutet, jeden Aspekt der Schöpfung zu lieben und in allem und jedem das Göttliche zu erkennen.

101

Wenn du einem Schmied bei der Arbeit zuschaust, siehst du wie er einen Eisenstab erhitzt bis er schmilzt und ihn dann mit dem Hammer bearbeitet, um ihm die gewünschte Form zu verleihen. Gestatte dem Meister, dein Herz mit Liebe zu zerschmelzen - so wie der Eisenstab schmelzen muss - und dein Wesen mit dem Hammer seiner Weisheit zu formen.

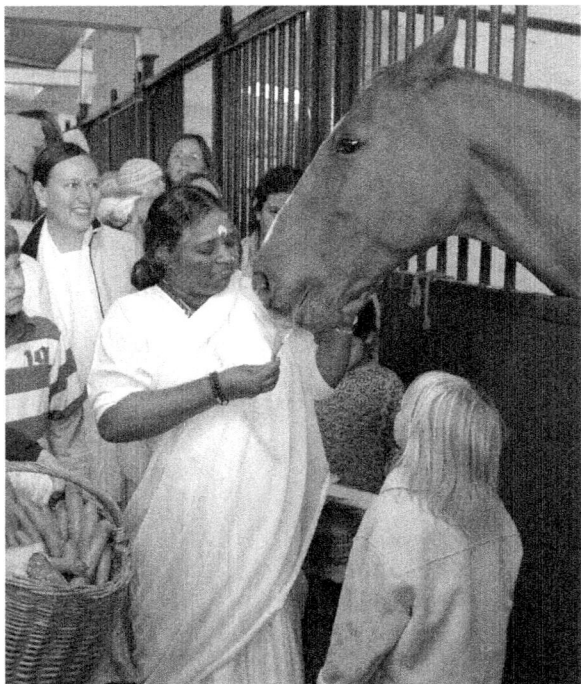

102

Nur wer Liebe empfangen hat, vermag ebenfalls Liebe zu geben. Die Herzen von Menschen, die nie geliebt wurden, sind verschlossen. Sie sind weder fähig Liebe anzunehmen noch Liebe zu verschenken. Es ist so wichtig, dass Eltern ihren Kindern Liebe schenken.

103

Es liebt nur derjenige Amma wahrhaftig, der jeden Menschen gleichermaßen lieben kann.

104

Wenn uns bewusst wird, wie nichtssagend unsere weltlichen Anhaftungen sind und wie erhaben die Liebe zu Gott ist, wird es uns möglich, diese Bindungen aufzugeben - ähnlich den Blüten eines Baumes, die allmählich vertrocknen und abfallen, damit Früchte am Baum entstehen können. Mit dem Heranreifen der Früchte fallen alle Blüten auf natürliche Weise ab.

105

Es wird dir so viel Liebe geschenkt, wie du selbst gibst.

106

Kinder, alle Liebe der Welt endet letztendlich in Leid. Es gibt in dieser Welt keine selbstlose Liebe. Wir glauben, es mache uns glücklich, wenn andere uns lieben. Glück kommt aber nicht von außen, sondern entspringt dem eigenen Inneren. Wahres Glück und ewiger Frieden entstehen nur aus göttlicher Liebe und das bedeutet, die Schöpfung als Ganzes zu lieben.

Das Ego kann nur durch den Schmerz
der Liebe gebrochen werden. Genauso wie
der Keimling erst hervorkommt, wenn die
Samenschale aufbricht, entfaltet sich unser
höheres Selbst erst, wenn das Ego bricht
und vergeht. Der im Samen angelegte Baum
spürt bei entsprechend günstigen Voraussetzungen die Enge seines Eingesperrtseins
in der Schale und strebt ins Licht und
ins Freie. Die Schale bricht aufgrund des
intensiven Drucks des in ihm angelegten
Baumes auf. Auch wenn dieses Aufbrechen
mit Schmerz verbunden ist, ist dies nichts

im Vergleich mit der Großartigkeit des künftigen Baumes. Mit dem Erscheinen des Keimlings wird die Schale bedeutungslos. Auf ähnliche Weise verliert das Ego völlig seine Bedeutung, wenn das Stadium der Selbstverwirklichung erreicht ist.

108

Makellose, selbstlos reine Liebe ist die Brücke zu Gott.